J. J. Packer

몸이 노쇠해져도 하나님을 향한 열정을 잃어서는 안 된다. 그것이 우리 늙어가는 그리스도인들의 소명이자 특수한 훈련이다. 물론 현실이 늘 일깨워주듯이 우리의 기억력, 특히 단기 기억은 약해질 것이다. 말의 조리와 집중력이 떨어질 것이고, 기력이 계속 저하되어 조만간 몸이 탈진될 것이다. 하지만 열정만은 요지부동이어야 한다.

아름다운 노년

Finishing Our Course with Joy

Copyright © 2014 by J. I. Packer
Published by Crossway
a publishing ministry of Good News Publishers
Wheaton, Illinois 60187, U.S.A

This edition publishers by arrangement with Crossway through rMaeng2.
All rights reserved.

This Korean Edition Copyright © 2016 by Timothy Publishing House, Inc.,
Seoul, Republic of Korea

이 한국어판의 저작권은 알맹2 에이전시를 통하여 Crossway와 독점 계약한 (주)도서출판 디모데에 있습니다.
신 저작권법에 의하여 한국 내에서 보호받는 저작물이므로 무단 전재와 무단 복제를 금합니다.

아름다운 노년

1쇄 인쇄 2016년 2월 1일
2쇄 발행 2017년 7월 25일

지은이 제임스 패커
옮긴이 윤종석
펴낸이 고종율

펴낸곳 주)도서출판 디모데〈파이디온선교회 출판 사역 기관〉
등록 2005년 6월 16일 제 319-2005-24호
주소 서울특별시 서초구 서초대로 141-25(방배동, 세일빌딩)
전화 마케팅실 070) 4018-4141
팩스 마케팅실 031) 902-7795
홈페이지 www.timothybook.com

값 9,000원
ISBN 978-89-388-1595-8 03230
Copyright ⓒ 주)도서출판 디모데 2016 〈Printed in Korea〉

아름다운 노년

제임스 패커 _윤종석 옮김

추천사

"지금보다 젊었을 때 노년의 삶에 대해 미리 생각하지 못해 아쉽다. 그랬다면 지금 지혜를 구하려고 우왕좌왕할 필요가 없을 것이다. 하지만 미리 생각하지 못했기에 제임스 패커의 지혜가 필요하다! 이 책은 성경의 진리로 우리에게 도전하고, 삶의 에너지를 어디에 쏟아야 할지 방향을 잡아준다. 또한 노년을 잘 맞이하도록 준비시켜주는 놀라운 지혜로 가득하다. 어느새 나도 점점 '노화를 맞이해야' 할 때가 되었음을 절실히 느낀다. 이 일에 제임스 패커보다 더 유익한 격려와 통찰을 줄 수 있는 사람은 없다. 예순이나 일흔이 될 때까지 기다렸다가 이 책을 읽을 게 아니라 지금부터 시작하여 유종의 미를 거두라."

샘 스톰즈 Sam Storms 오클라호마 주 오클라호마시티의 브리지웨이 교회 담임목사

"노년에도 열정을 다해 살라! 제임스 패커가 자신의 경험에서 우러나온 지혜로 노년 세대에게 건네는 조언이다. 그는 우리에게 아직 할 수 있을 때 가능한 모든 방법으로 하나님과 그분의 교회를 섬기라고 촉구한다. 이 책은 우리를 경건하게 감화시켜 의욕을 불러일으킨다."

마르바 던 Marva J. Dawn 신학자, 강사, 『의미 없는 고난은 없다』(엔크리스토 역간), 『내가 알아야 할 모든 것은 창세기에서 배웠다』(IVP 역간), 『언어의 영성』(좋은씨앗 역간) 저자

"전문가들에 따르면 앞으로 수십 년 후면 미국의 노인 인구는 지금보다 80퍼센트 증가할 것이다. 노년을 어떻게 하나님의 영광을 위해 보낼 것인가? 이에 대한 성경적 사고가 이전 어느 때보다도 중요해졌다. 우리는 생을 잘 마치

기 원한다(딤후 4:7). 훌륭한 목사들은 바로 그 일에 교인들을 잘 준비시켜준다. 이 책은 이 중요한 주제에 대한 지혜롭고 참되며 시의적절하고 유익한 성경적 묵상이자 목회적 조언이다. 패커 박사는 이 책에서 노인들, 노인을 사랑하고 돌보는 사람들, 장차 노인이 될 사람들, 노인을 목양하는 사람들에게 말한다. 나는 청소년 시절부터 제임스 패커를 아는 특권을 누렸다. 그 자신의 경험, 하나님과의 교제, 말씀을 아는 지식에서 비롯된 이 글이 그만큼 내게 절절히 다가올 수밖에 없다. 덕분에 진리가 더 깊이 들어와 박히니 참 좋다."

J. 리건 던컨 3세 J. Ligon Duncan III 미시시피 주 잭슨의 리폼드 신학대학원 총장 겸 조직신학과 역사신학 교수

감사를 담아
짐 휴스턴(*Jim Houston*)에게
이 책을 바칩니다.

차례

1
늙어가는 우리
나이 든다는 것은 무엇인가

11

2
영혼과 육체
우리는 누구이고 무엇인가

35

3
전진하라 멈추지 마라
노년에 주어진 사명

55

4
앞을 내다보며
노년, 그 새로운 삶의 시작

87

1

늙어가는 우리

나이 든다는 것은 무엇인가

Finishing Our Course With Joy

엘리자베스 2세는 유럽의 베테랑 군주이자 영국과 영연방의 여왕이다. 2012년 6월, 여왕의 즉위 60주년을 기념하는 행사가 나흘 동안 거행되었다. 나는 지금은 캐나다인이지만 본래 영국 태생인지라 마음을 다해 함께 축하했다. 그리고 행사 나흘째 되던 날부터 이 책을 쓰기 시작했다.

이 책의 대상은 나처럼 나이가 지긋한 사람들이다. 요즘은 노년층(흔히 우리를 그런 식으로 부른다)도 노년 초기(65-74세), 노년 중기(75-84세), 노년 후기(85세 이후)로 구분된다. 엘리자베스 여왕과 남편은 각각 87세, 92세로 노년 후기에 해당한다.

여왕은 아주 훌륭한 인물이다. 60년이 넘도록 자신의 일에 지칠 줄 모르는 것 같다. 차를 타고 지나갈 때면 군

1. 늙어가는 우리

중에게 수줍은 듯 온화하게 손을 흔들고, 사람들을 방문해서 만날 때마다 특히 어린아이를 주목하며 일일이 미소로 인사를 건넨다. 그녀가 영연방 국민들을 평생 섬기기로 하나님 앞에 공적으로 서원한 지 60년이 지났다. 여태까지 그 일을 헌신적으로 해왔고, 앞으로도 기력이 허락하는 한 틀림없이 그리할 것이다. 그러니 그녀가 계속 재위해 있는 동안 우리는 특유의 납작한 중절모와 맑고 편안한 목소리를 더 보고 들을 수 있을 것이다. 그녀는 생의 마지막 순간까지 서원에 충실하기로 다짐한 그리스도인이다. 우리 모두의 칭송을 받아 마땅한 여인이다.

나도 노년 후기의 영연방 국민이자 평생을 하나님께 헌신한 그리스도인으로서 그녀의 지칠 줄 모르는 성실성을 본받고 싶다. 이 글을 쓰는 것도 다른 사람들에게 똑같이 권하고 싶은 마음에서다.

알다시피 이미 나의 연배들 중에는 나와 같은 처지에 있지 못한 이들도 있다. 그리스도인으로서 그들의 헌신이 나보다 약해서가 아니라 노쇠한 몸이나 더 안타깝게는 각종 치매로 생각과 거동이 제한되기 때문이다. 뇌 기능이 손상되면 사고력이 약화될 수밖에 없다. 이는 대체로 되돌릴 수 없는 노인 후기의 현실이다.

현대 의학과 수술 덕분에 우리 몸이 더 오래 사는 것은 사실이다. 인체의 평균 수명이 거의 120세까지 연장될 수 있다고 보는 사람들도 있다. 하지만 연장된 수명의 3분의 1 이상은 물론 심하면 반백 년까지도 치매 환자로 살아야 한다면 누가 그런 삶을 원하겠는가? 그런 가능성을 결코 배제하기 어렵다. 이미 노년 후기의 4명 중 1명은 모종의 치매에 걸려 있으며, 수명이 길어질수록 분명히 그 수는 더 많아질 것이다.

어쨌든 이 책은 하나님의 은혜로 아직 제반 기능이 그런대로 남아있는 사람들을 위한 것이다. 그들은 노화를 받아들이고 노년의 삶을 사는 데도 용기가 필요하다는 것을 깨달아야 한다. 그들은 노년에도 계속 하나님의 영광을 위해 사는 법을 올바로 배울 필요가 있다.

노쇠의 과정

노년기의 도래를 어떻게 보아야 할까? 흔히 노화를 상실의 과정으로 본다. 즉 몸과 마음의 힘이 소진되면서 삶의 여러 부분에서 앞을 내다보고 앞으로 나아가는 능력이 결국 완전히 바닥난다. 4세기도 더 전에 셰익스피어는 『당신 좋으실 대로』(As You Like It)에 나오는 우울한 자크(Jaques)의 입을 통해 그런 진단을 내렸다. 자크는 세상이라는 무대에 펼쳐지는 인생의 일곱 시기를 쭉 훑어보며 이런 결론에 이른다.

> 이 이상하고 파란만장한 역사를 종결짓는
> 맨 마지막 장면은
> 제2의 유년기이자 순전히 망각의 시기다.
> 치아도 없고 시력도 없고 미각도 없고 아무것도 없다.
> _ 2막 7장

셰익스피어보다 2천여 년 전에 전도서의 전도자이자

교사이자 철학자이자 박사이자 현자도 "해 아래에서" 벌어지는 모든 일을 가리켜 기술했다. 비관론자라기보다 현실론자로서 그는 젊은이들과 생각하는 독자들에게 이렇게 당부한다. "너는 청년의 때에 너의 창조주를 기억하라 곧 곤고한 날이 이르기 전에…해와 빛과 달과 별들이 어둡기(생의 기쁨이 사라지기) 전에, 비 뒤에 구름이 다시 일어나기(문제가 재발하기) 전에 그리하라 그런 날에는 집을 지키는 자들이 떨(팔이 약해지고 손이 떨릴) 것이며 힘 있는 자들(다리)이 구부러질 것이며 맷돌질 하는 자들이 적으므로 그칠(이가 다 빠질) 것이며 창들로 내다 보는 자(시력)가 어두워질 것이며 길거리 문들이 닫혀질(귀가 어두워질) 것이며 맷돌 소리가 적어질(씹기가 힘들어질) 것이며 새의 소리로 말미암아 일어날(아무리 듣기 좋은 소리라도 갑자기 작은 소리만 나도 심기에 거슬릴) 것이며 음악하는 여자들은 다 쇠하여질(즐겁던 음악이 따분해질) 것이며 또한 그런 자들은 높은 곳을 두려워할(균형을 잃고 현기증이 날) 것이며 길에서는 놀랄(자주 흠칫 놀랄) 것이며 살구나무가 꽃이 필(머리가 허옇게 셀) 것이며 메뚜기도 짐이 될(걸음걸

이가 넘어질 듯 불안할) 것이며 정욕이 그치리니(감정이 무디어지리니)…"(전 12:1-5).

인생이 상실과 연약함과 무감각을 거쳐 결국 죽음에 이르는 그림이다. 이것이 노화에 대한 전도서의 이야기다.

무르익은 때

그러나 그것이 이야기의 전부는 아니다. 성경을 보아도 그렇고 실제 삶을 보아도 마찬가지다. 다시 셰익스피어의 말을 들어보자. 그의 비극 『리어 왕』은 역기능 가정을 다룬 세계적 고전이다. 극중에 나오는 아들은 홀대당하고 쫓겨나지만 결코 독한 마음을 품지 않는다. 그는 삶의 의지를 잃어버린 눈먼 아버지에 대해 이렇게 말한다.

인간은 견뎌야 한다,
세상을 떠날 때도 세상에 태어날 때처럼.

> **때가 무르익는 것이 중요하다.**
> _ 5막 2장

"무르익는다"는 말은 무슨 뜻인가? 이 말에는 원숙함이라는 아주 긍정적 의미가 담겨 있다. 잘 익은 과일과 비슷하다. 우리는 잘 익은 과일과 설익은 과일의 차이를 잘 안다. 설익은 과일은 질기고 시고 딱딱하며 별 맛도 없이 떨떠름하다. 반면에 잘 익은 과일은 비교적 연하고 달고 즙이 많고 부드러우며 감칠맛이 있어 입안에 개운한 뒷맛을 남긴다.

인간은 중년기부터 조금씩 서로 차이가 나타난다. 어떤 사람들은 기품 있게 늙어간다. 하나님의 은혜에 온전히 사로잡힌다는 뜻이다. 그들은 날로 더 이해심이 깊어지고 인품이 성숙해간다. 무엇에도 굴하지 않는 굳센 의지가 있고 복원력이 좋다. 또한 확실한 균형감각과 풍부한 자원으로 사람들을 세워주고 멘토가 되어준다. 하지만 "때가 무르익는 것이 중요하다"라는 셰익스피어의 극 중 대사에는 어딘지 침울한 생각이 깔려 있다. 죽을 때

남는 거라고는 고작 자신의 무르익은 때뿐이라는 것이다. 그보다 훨씬 많은 것을 기대했고 또한 기대할 권리가 있음에도 말이다.

다행히 성경은 그와 다르다. 성경에 강조되는 개념은 그 이상이다. 영적으로 무르익는 것이 그 어떤 형태의 물질적 부보다 훨씬 가치 있으며, 나이가 들수록 영적으로 계속 더 성숙해가야 한다는 것이다.

성경에 따르면 하나님 안에서 은혜 가운데 늙어가는 사람은 지혜로워진다. 바른 길을 분별하고 선택하는 능력과 남을 격려하는 역량이 더 커진다. 잠언 1-7장에 보면 연로한 듯한 아버지가 아직 철이 덜 든 성년 아들에게 도덕과 신앙의 현실적 지혜를 가르친다. 또한 시편 71편에는 많은 박해를 딛고 평생 하나님에 대한 진리를 가르친 늙은 전도자가 나온다. 다음은 그의 기도다.

> 주 여호와여 주는 나의 소망이시요
> 내가 어릴 때부터 신뢰한 이시라…
> 늙을 때에 나를 버리지 마시며

내 힘이 쇠약할 때에 나를 떠나지 마소서…
나는 항상 소망을 품고
주를 더욱더욱 찬송하리이다
내가 측량할 수 없는
주의 공의와 구원을
내 입으로 종일 전하리이다
내가 주 여호와의 능하신 행적을 가지고 오겠사오며
주의 공의만 전하겠나이다
하나님이여 나를 어려서부터 교훈하셨으므로
내가 지금까지 주의 기이한 일들을 전하였나이다
하나님이여 내가 늙어 백발이 될 때에도
나를 버리지 마시며
내가 주의 힘을 후대에 전하고
주의 능력을 장래의 모든 사람에게 전하기까지
나를 버리지 마소서.

_ 시 71:5,9,14-18

시편 92편 12절과 14절에는 이런 말씀도 있다.

1. 늙어가는 우리

의인은 종려나무 같이 번성하며
레바논의 백향목 같이 성장하리로다…
그는 늙어도 여전히 결실하며
진액이 풍족하고 빛이 청청하니.

마지막 한 바퀴

우리는 하나님 안에서 나이가 들수록 더 원숙해지고 계속 사람들을 섬겨야 한다. 이것이 성경의 기대이자 약속이며 노년기를 보는 관점의 핵심이다. 노년은 우리가 완주해야 할 경주의 마지막 한 바퀴다. 장거리 주자는 경마 기수처럼 마지막 질주를 위해 늘 뭔가를 남겨둔다. 내가 하려는 말도 바로 그것이다. 몸의 건강이 허락하는 한 우리는 그리스도인의 삶이라는 경주의 마지막 한 바퀴를 전력 질주해야 한다. 마지막 질주는 말 그대로 질주가 되어야 한다.

1674년에 토머스 켄(Thomas Ken)이 쓴 찬송가에 이런 지혜로운 말이 나온다. "하루하루를 자신의 마지막 날인 것처럼 살라." 나이가 들수록 더욱 요긴해지는 지혜다. 그 말을 아직 마음에 새기지 않았다면 지금이라도 명심하기 바란다. 켄의 권고를 풀어내면 다음과 같은 세 가지 생각이 나온다.

첫째, 하루 단위로 하나님을 위해 살라. 물론 우리에게 어떤 장기적 계획이 있을 수도 있다. 그렇더라도 하루의 삶을 그날그날 미리 계획하는 습관을 들여야 한다. 아침마다 그렇게 해도 좋고 내 생각에 그 전날에 하면 더 좋다. 하나님을 영화롭게 하는 것이 우리의 한결같은 목표가 되어야 한다. 그 목표를 위해 또 하나 길러야 할 습관이 있다. 하루를 마칠 때마다 하나님 앞에서 돌아보는 것이다. 얼마나 계획대로 살았는가? 혹시 새로운 상황이나 참신한 통찰에 맞추어 계획을 변경했는가? 왜, 어떻게 그랬는가? 어쨌든 나는 오늘 하루 하나님을 위해 얼마나 최선을 다했는가? 얼마나 거기에 못 미쳤는가? 죽음이 가까워올수록 이런 일이 더 중요해지는 것은 물론이다. 하나님 앞에 인생을 보고해야 할 날이 점점 더 다가오기 때문이다.

둘째, 현 순간 속에 살라. 늘 하나님의 임재를 연습하라. 더 명확히 말하면 그리스도의 임재다. 그분은 우리와 늘 함께 계시겠다고 약속하셨다(마 28:20). 그분과 나누는 교제에 힘쓰라. 이것은 대단히 중요한 훈련인데 내 생각에 요즘은 널리 무시되고 있다. 역시 죽음이 가까워 올수록 더 중요한 일이다.

공상과 끝없는 향수(鄕愁)는 현실과의 괴리감과 불만족을 낳는 불행한 습관이다. 모든 나쁜 습관이 그렇듯이 또한 우리 쪽에서 물리치고 하나님의 도움으로 끊지 않는 한 집요하게 우리를 지배한다. 은퇴한 노인들이 으레 깨닫듯 삶의 마지막 한 바퀴에서는 이런 습관을 끊는 훈련이 날로 더 요긴해진다. 반대로 시시각각 현 순간 속에서 줄곧 앞을 내다보는 일은 내면의 영적 건강에 갈수록 더 큰 요인으로 작용한다.

셋째, 주께서 부르시면 언제라도 떠날 준비를 하고 살라. 예수님이 충실한 열한 제자에게 주신 이 말씀은 사실 모든 세대의 모든 충실한 제자들에게 주신 약속이다.

> 내 아버지 집에 거할 곳이 많도다 그렇지 않으면 너희에게 일렀으리라 내가 너희를 위하여 거처를 예비하러 가노니 가서 너희를 위하여 거처를 예비하면 내가 다시 와서 너희를 내게로 영접하여 나 있는 곳에 너희도 있게 하리라.
>
> _ 요 14:2-3

죽음을 경험하는 방식은 사람마다 다르다. 우리 중에 어떤 이들은 떠나는 순간까지 의식이 멀쩡하고 생각도 비교적 또렷할 것이다. 반대로 어떤 이들은 무의식 상태에서 몸이 서서히 식어갈 것이다. 혼수상태나 수면 중에 죽는 사람, 갑작스런 사고나 공격으로 죽는 사람, 심장마비로 죽는 사람도 있을 것이다. 자신의 죽음이 어떠할지 우리는 미리 알 수 없다. 그래서 언제 무슨 일이 닥치든 늘 준비되어 있는 게 지혜롭다.

그러려면 어떻게 해야 하는가? 단지 유언장과 더불어 자신의 장례식과 재산 처분에 대한 지침을 남기는 것만으로 부족하다. 무엇보다도 주 예수 그리스도 자신과 직접 진지하게 관계를 맺어야 한다. 그분은 우리를 이 세상에서 다음 세상으로 데려가시는 안내인이실 뿐 아니라 또한 그 세상에서 우리의 재판관이 되신다. "이는 우리가 다 반드시 그리스도의 심판대 앞에 나타나게 되어 각각 선악간에 그 몸으로 행한 것을 따라 받으려 함이라"(고후 5:10). 여기에 대해서는 나중에 더 살펴보기로 하고 우선은 이것만 강조하고 싶다. 지금 여기서 믿음으로 그리스도와 인격적 관계를 맺고 그분의 제자가 되는 게 급선무라는 것이다. 그분은 눈에 보이지 않게 임재하시는 구주요 주님이시며, 복음을 통해 친히 모든 사람을 자신께로 부르신다. 그분의 초대에 응하면 미래에 대한 두려움이 모두 사라진다.

언젠가 영국의 한 철학 교수가 내게 신자들이 장차 갈 세상을 "잘 아는 분이 살고 계시는 잘 모르는 나라"라고 표현했다. 신약성경의 복음서와 서신서를 통해 우리는 안내인인 주 예수 그리스도와 이미 잘 아는 사이가 될 수 있다. 그러면 그분과 함께 다음 세상으로 옮겨 가 그분의 참모습을 그대로 볼 것이며, 늘 그분과 함께 지내는 일이 걱정이 아닌 매혹으로 다가올 것이다.

진입 금지

하지만 여기서 우리가 직시해야 할 사실이 있다. 노년에 성품이 무르익고 삶의 초점이 더 명료해진다는 이 모든 이상(理想)은 오늘날 세속 사회가 노후 생활에 주는 조언과는 극명한 대조를 이룬다. 명시적으로나 은연중에나 은퇴자들에게 들려오는 권고는 다음으로 귀결된다. 편히 쉬라. 천천히 하라. 여유를 부리라. 재미있게 살라. 당신을 즐겁게 하는 일만 하라.

당신에게는 더 이상 뭔가를 운영하거나, 모종의 창의력을 구사하거나, 목적 지향의 사업을 계속 책임지고 이끌어나갈 의무가 없다. 이제 러닝머신에서 내려왔고 생존 경쟁에서 벗어났다. 드디어 자유의 몸이 되어 재미있는 삶에 몰입할 수 있게 되었다. 생계는 연금으로 해결되고 몸을 돌볼 건강보험도 있다. 동호회, 여행, 외출, 관광, 경쟁, 시합, 파티, 오락 등 소일거리는 무궁무진하다.

그러니 이제 실컷 당신이 하고 싶은 대로 하라. 온

갖 새로운 것들과 취미 생활에 푹 빠지라. 당신의 흥미를 끄는 것이면 무엇이든 좋다. 사회는 당신을 이미 방출했다. 이제 자신만 챙기고 걱정하고 즐겁게 해주면 된다. 배우자는 있을 수도 있고 없을 수도 있다. 그러니 거기에 몰입하라. 은퇴 생활이 영원히 계속될 것처럼 살라. 하루하루 살아갈 건강과 기력이 충분하며 현대의 신기한 의술로 수명이 계속 연장될 것처럼 말이다. 목숨이 붙어있는 한 당신은 돌봄을 받을 권리가 있다. 그러니 최대한 누리라! 노후가 적적하고 따분하다면 그것은 순전히 당신 잘못이다. 물론 당신은 그런 삶을 원하지 않을 것이다.

"진입 금지"라는 도로 표지판이 있다. 거기서 계속 전진하면 일방통행로를 역주행하거나, 길이 점점 좁아져 없어지거나, 막다른 골목이 나온다. 대개는 이런 표지판이 나오기 전에 정로(正路)를 알려주는 다른 표지판이 먼저 나온다. "진입 금지"라는 말에는 다음과 같은 직설적 메시지가 있다. 우리가 뭔가 무시하거나 놓치고 있다는 사실이다. 노화를 보는 우리 문화의 관점에 내가 단언하려는 말이 바로 그것이다. 그런 관점이야말로 내가 보기에 우리 시대의 지독한 우매함 중 하나다. 따라서 진작부터 그에 대한 진솔한 발언이 필요했다. 지금부터 앞서 말한 세상의 조언에 반박하는 나의 생각을 나누려 하니 부디 너그러이 들어주기 바란다.

위와 같은 관점은 내가 보기에 의도는 좋지만 지극히 잘못된 것이다. 말로는 충만한 노후 생활을 도모한다 하지만 얄궂게도 실제로는 정반대의 결과를 내는 타산적 기만이다. 그렇다면 그 잘못이란 무엇인가? 우선 그 관점에 기독교적 알맹이가 없다는 점은 잠시 제쳐두고 다음 사실에 초점을 맞추려 한다. 그런 관점은 게으름과 방종과 무책임을 노년기의 목표로 처방한다. 시간이 지나면 거기서 이런 불편한 느낌이 생겨난다. 자신의 인생이 더 이상 의미를 잃은 채 무용지물이 되었다는 것이다.

뭔가 가치 있는 일을 이루기 위해 동료들과 함께 일하던 시기가 끝나면 그때부터 우리는 외로움과 불안 그리고 우울함에 빠지기 쉽다. 고대할 중요한 일이 없어지면 당연히 불만에 찬 자아도취가 싹튼다. 아울러 현실에 대한 불쾌감이 지속되면서 자신이 이보다 나은 대우를 받아야 한다는 권리 의식에 빠지기 쉽다. 흔히 노인들은 더 이상 머리를 써서 뭔가를 배우거나 문제를 해결하거나 전략적으로 자신이나 타인의 유익을 꾀할 의무가 없다. 그러다 보니 지성이 영구히 묵혀지는데, 알다시피 이는 당연히 치매의 발병을 촉진한다. 결국 세상의 관점은 온통 사람을 고립시키고 삶을 시시하게 만드는 지름길이다. 그 결과 무감각과 권태가 일상을 지배하는 기본 정서가 된다.

    어린 시절 할머니가 우리 집에 함께 사셨다. 그때 상황을 생각하면 지금도 마음이 불편해진다. 내가 알기로 할머니는 노년 중기 치고는 꽤 건강하셨다. 그런데 날마다 아침과 점심은 방에서 혼자 드셨다. 물론 음식은 우리가 쟁반에 담아 갖다 드렸다. 그러다 저녁때가 되면 그제야 아래층으로 내려와 우리와 함께 식사하셨다. 식후에는 의자에 앉아 우리가 하는 일을 바라보셨고, 다른 사람이 먼저 말을 걸기 전에는 일절 말이 없으셨다. 취침 시간이 될 때까지 그러셨다. 신문이라도 읽으셨을까? 잘 기억나지 않지만, 아래층에 계시는 동안 전혀 책을 읽지 않으신 것만은 분명하다. 할머니는 외출도 일년에 한두 번밖에 하시지 않았다. 먼 친척이 차를 타고 와서 함께 드라이브를 나갈 때뿐이었다. 그 외에는 집에 틀어박혀 지내셨다. 할머니는 내가 여덟 살 때 85세의 나이로 돌아가셨다.

지금 생각해보면 할머니가 당시에 우울증을 앓지 않으셨나 싶기도 하다. 혹시 우리가 분주한 가정생활에서 할머니를 감쪽같이 제외시켜 본인 스스로 가족의 일원으로 느껴지지 않으셨던 것은 아닐까? 오늘날 핵가족 가운데 살아가는 노인들을 생각할 때마다 그 안 좋았던 기억이 자꾸만 다시 떠오른다.

어떤 이념이나 사회적 청사진이나 행동 양식을 막론하고 노인들을 소위 핵가족의 일상생활에서 떼어놓는다면 그것은 잘못되고 부적절한 처사다. 뒤에서 그 내용을 좀더 자세히 살펴볼 것이다. 거기로 넘어가기 전에 우선 노화 전반에 대해 몇 가지 더 언급할 것이 있다.

노화를 받아들이고 노년의 삶을
사는 데도 용기가 필요하다.
노년에도 계속 하나님 영광을 위해
사는 법을 올바로 배워야 한다.

2

영혼과 육체

우리는 누구이고 무엇인가

Finishing Our Course With Joy

어떻게 살아야 하는지 알려면 무엇보다 먼저 우리가 누구이고 무엇인지 알아야 한다. 이것은 평생 동안 늘 그렇지만 특히 늙어갈수록 더 중요한 문제다. 사람이 늙으면 괜히 '나이답게' 행동하고 싶지 않은 유혹이 생긴다. 마치 아직도 옛날의 자신인 양 생각하고 처신하며, 따라서 자신이 변했고, 지금은 달라졌다는 사실을 직시하지 않는 것이다. 차차 보겠지만 이 유혹은 강하고도 보편적이며 그럴 만한 이유가 있다. 하지만 그 주제를 논하려면 먼저 몇 가지 기본 사항부터 분명히 해야 한다.

육화된 영혼, 영화된 육체

우리는 늙어갈수록 자신의 참모습을 현재 시제로 알아야 한다. 그런 지식을 얻으려면 어디서부터 시작해야 할까? 유년기부터 겪어온 삶을 쭉 더듬어보면 이런 생각이 강하게 든다. 우리는 어떤 의미에서 둘로 나누어진 존재라는 것이다. 즉 우리는 물리적 몸 안에서 그 몸을 통해 살아가는 인격적 자아다. 몸의 기운과 능력에 의지하여 생각을 행동으로 옮기지만 동시에 몸의 제약 때문에 마음대로 하지 못하는 일도 많다. 육체는 우리가 해야 할 많은 필수적 행위를 거듭 요구한다. 예컨대 우리는 잠을 자고 음식을 먹고 대소변을 봐야 한다. 가끔씩은 그런 행위가 필요 없었으면 싶을 때도 있다. 하지만 우리는 그런 일들의 종이 되지 않을 수 없다. 다른 일들을 우리의 종으로 부리는 것과 같은 이치다.

육체는 물리적 기술을 배울 수 있다. 물론 어느 기술이든 그것을 숙달하려면 정신노동도 수반되어야 한다. 예컨대 스포츠를 위한 기술, 수술하는 기술, 차를 운전하고 비행기를 조종하는 기술 등을 생각해보라. 이와 비슷하게 영혼도 논리나 연산 같은 정신적 기술을 배울 수 있다. 또한 악기 연주처럼 영혼과 육체가 한데 어우러지는 기술도 있다. 오늘날 그리스도인 사상가들은 인간을 육화된 영혼이자 영화(靈化)된 육체로 보아야 한다고 말한다. 이는 당연하고도 통찰력 있는 말이다. 영혼과 육체는 별개이면서도 서로 분리될 수 없다. 출생부터 죽음까지 철두철미하게 서로 맞물려 있다.

그래서 그다음은 무엇인가? 그동안 이 질문에 여러 가지 답이 제시되었다. 예수님이 나시기 수세기 전에 그리스 철학자 플라톤은 육체가 우리의 성장을 제한한다고 보았다. 즉 몸은 감옥과 무덤 같은 것이고, 우리의 참 존재인 영혼은 그 몸 안에 갇혀있다는 것이다. 그러다 몸이 죽으면 영혼이 몸을 떠나 다른 세계로 날아간다. 그 세계는 삶의 최고 가치인 진선미를 알 뿐만 아니라 이전에 불가능했던 방식으로 그것을 실천할 수 있는 곳이다. 플라톤 이후로 많은 사람이 그런 비슷한 개념을 받아들였다. 대개는 플라톤과 거의 무관하게 이루어진 일이다. 그들은 행복이 증대되려면 결국 육체에서 해방되어야 한다고 믿었다. 마치 육체에 막혀 생명과 기쁨과 지식과 만족을 충만하게 누릴 수 없다는 듯 말이다. 삶의 시기별로 부족하게 느껴지는 모든 것을 그들은 육체 탓으로 보았다.

그러나 그리스도인들은 거기에 동의하지 않는다. 성경에 근거한 우리의 믿음은 다음 두 가지에 초점이 맞추어져 있다. (1) 하나님의 아들이 성육신하셨다. 삼위일체의 제2위 하나님이 친히 인간이 되셔서 몸을 통해 사셨다. (2) 예수님이 부활하여 끝없는 삶에 들어가셨는데, 그분의 영화(榮化)된 인성도 그 영생의 영원한 일부를 이룬다. 이제 그리스도인들은 자신도 몸의 부활로 풍성해질 그날을 고대한다. 그날이 오면 육체도 영혼도 근본적으로 새롭게 변화될 것이다. 그 소망대로 우리는 장차 변화된 육체 속에 다시 심겨져 영원히 몸 안에 살 것이다. 재창조된 세상 질서 속에서 성장하고 발전하며 활짝 피어날 것이다. 흠 없이 혁신된 우리의 인격적 존재는 예수 그리스도와 한없이 깊은 교제를 나누며 온갖 기쁨을 누릴 것이다. 그분은 우리 하나님이요 구주요 주님이요 친구시다. 영혼과 육체의 영원한 재결합은 이 영광스러운 삶에 없어서는 안 될 요소다.

물론 그리스도인들도 노화에 들어서면 몸이 짐스럽고 영혼을 제약하는 것처럼 느껴질 때가 있다. 그 구체적 이유는 탈진, 굶주림, 질병, 회복할 수 없는 인체의 구조적 손상, 돌이킬 수 없는 퇴행성 기능 부전 등 다양하다. 몸에 문제만 없다면 이것도 하고 저것도 즐기겠는데 몸이 막는 것처럼 느껴진다. 하지만 그렇다고 해서 영혼, 즉 사고하고 느끼고 기억하고 상상하고 소통하는 우리의 자아가 육체와 분리되면 이전보다 더 자유롭고 행복해질 거라고 결론짓는다면 이는 중대한 오류다. 곧 살펴보겠지만 우리를 향한 하나님의 계획은 그와 다르다.

하나님은 우리를 향한 그분의 목적을 밝히 계시해주셨다. 그 목적 안에서 육체와 영혼에 관한 기본 질문들을 제시하고 차례로 답한다면 우리가 앞으로 나아가는 데 도움이 될 것이다. 지금부터 그 내용을 살펴보자.

인간은 무엇이며 하나님은 왜 우리를 지으셨는가?

앞서 보았듯이 인류를 구성하는 모든 인간은 육화된 영혼이자 영화된 육체다. 즉 정신적 존재이자 물리적 존재다. 인류(본래는 한 쌍의 남녀로 하나님이 그들에게 번식의 사명을 주셨다. 창 1:28)는 하나님이 그분의 기쁨을 위해 질서 있게 창조하신 환경의 관리자로 지음받았다. 그 일을 할 때 우리는 기쁨을 얻도록 설계되었다. 인간의 찬송과 감사와 섬김으로 하나님을 영화롭게 함으로써 말이다.

그런데 인류의 이야기가 시작된 직후에 안타깝게도 죄가 인간의 본성을 더럽혔다. 죄는 하나님과 그분의 뜻을 무시하는 반항이다. 그래서 하나님은 예수 그리스도로 말미암는 구속(救贖)과 회복의 계획을 가동하셨다. 재창조된 우주 환경 속에서 본래의 목적을 이루시기 위해서였다. 현재 인류는 바로 그 과정을 지나는 중이다. 모든 개개인이 이 회복에 실제로 동참하는 것은 아니다. 복음에 부딪혀 예수를 믿고 그분의 제자가 되는 사람들만 그것을 누릴 수 있다.

하나님의 계획은 늘 다음과 같다. 이 세상의 삶은 시험적이고 한시적이며, 때가 되면 모종의 변화와 이행으로 다른 곳의 더 풍성한 삶에 이르도록 되어있다. 우리가 아는 죽음과 거기에 흔히 선행되는 명백한 육체적 노쇠는 본래 하나님이 지으신 선한 창조세계의 일부가 아니다. 창세기 3장에 나와 있듯이 그것은 죄에 대한 하나님의 심판이다.

우리 영혼은 무엇인가?

앞서 언급했듯이 인간의 영혼은 곧 인격의 의식적 자아다. 나를 나로 아는 그 '나'다. 이것은 타고나는 것이며, 인식과 반응과 교류와 관계의 발원지다. 인지적 의문과 사고, 인간과 상황과 자원에 대한 탐구, 지난 일에 대한 기억과 그 기억이 불러오는 정체감, 감정을 느끼고 계획을 세우는 일, 창의적 예술 작품의 지각과 실연, 진선미의 실체에 대한 이해, 창의적 대인관계 이 모두와 그 이상이 다 영혼의 활동이다. 선호하는 용어에 따라 마음의 활동이라 할 수도 있다. (성경에서 "영혼"과 "마음"은 둘 다 모든 행동과 반응의 내적 근원인 인격의 중핵을 가리키며, 두 단어의 의미는 거의 동일하다.) 육신의 삶 곧 신체 활동이 끝나도 영혼의 삶은 계속된다. 사실 현재 우리에게 있는 인격적 자의식은 결코 끝이 없으며, 오히려 기쁜 쪽으로든 슬픈 쪽으로든 영원히 강화되고 지속된다.

우리 몸의 목적은 무엇인가?

하나님은 우리에게 몸을 주셔서 몸 안에서 그 몸을 통해 살아가게 하셨다. 거기에는 두 가지 분명한 이유가 있다. 첫째, 그분의 관리인이자 청지기로서 물질계를 다스리는 데 적합하게 하시기 위해서다. 둘째, 지금 여기서 우리 삶을 풍요롭게 하시기 위해서다. 우리에게 주어진 몸은 명백히 경험과 표현과 즐거움을 위한 것이다.

- 경험. 많은 자극이 우리 몸의 오감으로 온다. 몸에 기초한 다양한 감각으로 온다. 대면하는 사람들

과 사물들에 대해 우리가 내리는 찬반의 반응으로 온다.
- 표현. 많은 메시지가 우리의 얼굴 표정으로 전달된다. 사람들이 당신 앞에 서거나, 당신에게 바싹 붙거나, 당신을 떠나가는 방식 등으로 전달된다.
- 즐거움. 많은 쾌락이 우리가 먹고, 마시고, 냄새 맡고, 음악을 듣고, 자리에 눕고, 운동 경기에 이기고, 고된 일을 마치고 쉬는 등의 행위로 주어진다.

이상은 몇 가지 예에 지나지 않으며 그 밖에도 얼마든지 많이 있다. 윌리엄 템플(William Temple)은 "하나님은 물질을 좋아하셔서 물질을 만드셨다"라고 말했다. 그와 똑같이 "하나님은 쾌락을 좋아하셔서 쾌락을 지으셨다"라는 말도 가능하다. 조금만 생각해보아도 분명해지듯 몸이 없다면 삶이 굉장히 빈곤해질 것이다.

긴장과 유혹

하지만 몸은 점점 닳는다. 바로 그것이 우리가 노화하는 가운데 받아들여야 할 현실이다.

대부분 약 65세 이전까지는 자신의 육체와 영혼 간에 제법 호흡이 잘 맞는다고 느껴질 것이다["영혼"이라는 말이 교회 밖에서는 고어(古語)므로 "사고"나 "정신" 또는 "뇌세포"라 표현해도 좋다]. 그때까지만 해도 우리는 편안하게 자신을 건사하며 살아간다. 정신적으로나 신체적으로 자신이 감당할 수 있는 일과 감당할 수 없는 일이 무엇인지도 안다. 하고 싶어도 능력 밖이라 못하는 일이 많지만, 사춘기 때라면 그 때문에 안달했을지 몰라도 이때는 이미 그런 것에 초탈한 지 오래다.

하지만 60대 중반을 넘어서면 새로운 제약들에 부딪히게 된다. 이전처럼 쉽게 되지 않는 일들이 많아진다. 기력이 떨어지고 기억력도 예전 같지 못하다. 항상 여기저기 아프고 쑤시고 숨이 가빠진다. 더 빨리 피곤해지고 더 쉽게 뼈가 부러진다. 이렇게 우리 몸은 점점 닳는다. 아담이 타락하여 하나님이 그에게 사형선고를 내리신 이후 모든 인간의 몸이 그 길을 갔다. 목숨이 붙어 있는 한 몸은 계속 닳게 되어있다. 운동과 약과 신중한 식이요법으로 그 과정을 늦출 수는 있겠지만 방향을 되돌릴 수는 없다.

존 웨슬리(John Wesley)는 85세에 일기장에 기록하기를 자신에게 나타나는 노쇠의 징후라고는 이전처럼 빨리 달릴 수 없는 것 하나뿐이라고 했다. 체구는 왜소했지만 지칠 줄 몰랐던 듯한 이 훌륭한 인물에게 마땅히 경의를 표한다. 하지만 아무래도 노령의 그가 다른 부분들을 간과하고 있었다는 의혹도 들 만하다. 평생 단 하루도 아팠던 적이 없었다고 장담하는 사람들처럼 말이다. 우리는 몸의 노화를 막을 수 없다. 먼 옛날 카뉴트(Canute) 왕이 바다의 밀물을 호령으로 막을 수 없었던 것과 마찬가지다.

■ 1066년 이전에 잉글랜드 전체를 지배한 마지막 왕 중 한 사람. 덴마크와 노르웨이 왕도 겸했다. 그가 밀려오는 파도를 향해 멈추라고 명령했다는 유명한 이야기가 있다.

그뿐 아니라 우리 몸은 점점 닳아질수록 감염, 쇠약, 심장병, 암 등에 걸리기가 더 쉬워진다. 다운증후군과 정신분열증은 나이가 들어도 없어지지 않으며, 알츠하이머병 같은 각종 치매가 쉽게 발병한다. 심신의 속도가 영구히 느려지면서 그와 더불어 노년기 특유의 두 가지 유혹 중 하나가 찾아온다. 그것은 바로 몸이 노쇠하고 신체적 욕구가 감퇴하는 그 흐름에 편승하여 그리스도의 제자 된 삶까지도 고삐를 늦추는 것이다. 하나님 나라를 구하고 보여주고 진척시키려는 열정마저 덩달아 식도록 두는 것이다. 이것은 큰 주제므로 따로 한 장을 할애해야 한다.

그 전에 먼저 노년기의 또 다른 유혹을 잠시 되새겨 보자. 이번 장 첫머리에 언급한 대로 그것은 자신의 몸이 실제로 노쇠하고 있다는 사실을 직시하지 않는 태도다. 우리는 왜 이렇게 집요하게 현실을 거부하는 것일까? 답은 멀리 있지 않다. 그런 태도의 이면에는 교만이 도사리고 있다. 아우구스티누스가 진단한 대로 교만은 원죄의 뿌리다. 교만은 항상 맨 꼭대기에 군림하려는 비

합리적이고 만족할 줄 모르는 충동이다. 교만은 늘 자아를 큰 신으로 떠받들고 섬기며 즐겁게 한다. 교만은 끝없이 지배와 통제를 일삼으며 어떻게든 모든 '적수'를 이기려 한다.

자기 직업에서 성공한 사람들은 대개 높은 자리에 있을 때 노년을 맞이하여 은퇴를 앞두게 된다. 어느새 용퇴가 바람직한 처신이 되는 것이다. 따라서 그들이 은퇴에 저항하며 그것을 피하거나 적어도 늦추려 하는 것은 어쩌면 당연한 일이다. 마지못해 성취의 현장을 떠난 후에도 그들이 평소와 달리 가족과 친구들 사이에서 윗사람 행세를 하는 것 또한 놀랄 일은 아니다.

성경에 근거한 기독교 특유의 지혜에 따르면, 우리 모두에게 닥쳐오는 유혹의 뿌리는 세 가지다. 첫째는 세상이다. 세상은 우리를 둘러싼 환경과 조건이다. 둘째는 육신이다. 방금 전에도 언급했지만 성경에서 육신이란 우리 안에 있는 교만한 원죄를 뜻한다. 육신은 끊임없이 사랑과 반대되는 태도를 만들어낸다. 셋째는 마귀다. 악한 지성적 존재인 마귀는 호시탐탐 우리를 엿보다가 세상과 교만을 조종하여 우리를 공격해온다. 나이 들고 노화하는 가운데서도 경건하게 살며 바른 길을 걸으려면 이런 유혹을 솔직히 인정해야 한다. 아울러 사탄이 모든 유혹을 노리고 있다는 사실도 인식해야 한다.

그리스도인들은 몸의 부활로 풍성해질 그날을 고대한다.
그날이 오면 육체도 영혼도 근본적으로 새롭게 변화될 것이다.
그 소망대로 우리는 장차 변화된 육체 속에
다시 심겨져 영원히 몸 안에 살 것이다.

3

전진하라
멈추지 마라

노년에 주어진 사명

Finishing Our Course With Joy

내가 중학생이었던 때로 기억되는데 한 교사가 내게 이런 말을 해주었다. 글을 잘 쓰는 비결은 가상의 독자를 아는 것이다. 지난 반세기가 넘도록 그 말은 내게 진리로 입증된 것 같다. 이번에도 내가 그리는 가상의 독자들에 대해 좀더 말하면 분명히 도움이 될 것이다. 그래서 잠시 초점을 그들에게 돌려 최대한 명확히 밝히려 한다.

  서두에 말했듯이 이 책의 독자들은 내 연령대에 이르렀거나 곧 이르게 될 그리스도인 노인들이다. 그들은 청소년기나 중년 초기에 그리스도인이 되어 수십 년 동안 신자로 살아왔다. 그들은 노후 생활에 대한 공부 자체가 영적 훈련임을 알고 거기에 도움이 되기를 바라는 마음으로 이 책을 읽고 있다. 이번 장 전체에 나는 그들을

"당신"으로 지칭하며 그들에 대한 나의 생각을 자세히 기술할 것이다.

노인 신자들, 그들은 누구인가

당신은 그리스도인이 되었다

당신은 본질상 그리스도인으로 태어나지 않았다. 그런 사람은 아무도 없다. 이 세상의 모든 그리스도인은 의지적으로 그렇게 되었다. 사람들이 의지적으로 엔지니어나 전기 기술자가 되는 것과 마찬가지다. 어쩌면 당신은 모종의 회심을 체험했을 수 있다. 그 경우 당신은 어떤 위기 속에서 주 예수 그리스도의 실체에 부딪쳐 선택과 결단을 내렸다. 당신을 찾아와 대면하시는 그분 임재를 느꼈고, 당신의 죄를 위해 죽으신 그분께 감사했다. 더는 거역하지 않고 그분 말씀에 따랐다. 당신은 그분을 자신의 구주로 믿었고, 주님이요 인도자 되신 그분께 자신을 드렸으며, 보호자와 길잡이와 친구로 그분을 받아들였다. 구체적인 죄를 회개했고, 이제부터 그분의 제자로서 최대한 그분을 사랑하고 순종하며 살기로 다짐했다. 또 당신은 체계적으로 성경을 읽고, 기도에 힘쓰며, 기타 일상적 습성에서도 매일의 경건 생활에 헌신했다. 당신은 그런 회심이 벌어진 때를 기억하고 있으며 필요하다면 날짜도 댈 수 있다.

또는 당신이 지금처럼 그리스도를 믿고 그분께 헌신한 것은 오랜 기간에 걸친 점진적 과정이었을 수도 있다. 당신이 확실히 말할 수 있는 거라고는 그런 일이 분명히 일어났고 그래서 자신의 내면이 변화되었다는 것뿐이다. 당신은 이전의 자신과도 달라졌고, 잘 아는 사이인 현재의 다른 사람들과도 다르다. 이것은 틀림없는 사실이다. 그 뒤로 수십 년 동안 당신은 그리스도의 임재를 연습했고, 언제 어떤 상황에서도 항상 당신과 함께 하신다는 그분의 진실한 약속(마 28:20)을 누려왔다. 아울러 그리스도인의 삶의 특징으로 꼽히는 일상적 훈련들에도 어느 정도 힘쓰고 있다. 그 훈련들이란 바로 성경

읽기와 묵상, 기도와 찬양, 자신을 성찰하는 일기 쓰기, 공동체로 드리는 예배와 교제, 독서와 공부, 고독과 침묵의 시간 등이다.

당신은 이제까지 그리스도를 섬겨왔다

　내가 보기에 당신은 그리스도의 세력과 사탄의 세력 사이에 벌어지는 전쟁에서 역전 노장이다. 처음부터 당신은 자신이 섬기기 위해 구원받았음을 알았고 자발적으로 섬기기 원했다. 하지만 항상 방해에 부딪히리라는 것을 금세 배웠다. 그리스도인이 됨으로써 당신은 전쟁에 들어섰다. 사탄은 성부 성자 성령의 삼위일체 하나님을 상대로 싸움을 건다. 당신이 무슨 일로든 주님을 섬기려 애쓸 때마다 사탄의 세력이 그것을 훼방하거나 망치려 한다는 뜻이다. 사탄은 대개 직접적 방법보다는 간접적 방법을 쓴다. 그래서 여태까지 그리스도인으로서 당신의 삶은 세상과 육신과 마귀를 상대로 한 긴 싸움이었고 지금도 마찬가지다.

그럼에도 당신은 다방면으로 충실하게 살아왔다. 결혼하여 가정을 일구었고 최선을 다해 자녀를 기독교 신앙으로 양육했다. 환경과 재능과 하나님이 주신 내면의 관심에 따라 직업 분야에서도 일정한 경지에 올랐다. 또한 교회에 속하여 교사와 상담자와 친구로서 사람들을 돕고 격려하고 베풀고 가르치는 등 자신의 본분을 다했다. 외로운 사람들에게 용기를 북돋워주려 했고, 이런저런 이유로 삶에 시달리고 그 싸움에 절망하는 사람들을 안정시켜주려 했다. 당신 집에서 소그룹으로 모이며 사람들을 대접했고, 늘 눈과 귀를 열어 기회가 있을 때마다 신앙을 전했다.

당신은 교회 임직원이나 목사일 수도 있다. 선교단체에 몸담아 기성 교회가 할 수 없는 방식으로 그리스도를 전했을 수도 있다. 당신은 매순간 예수님을 위해 열심히 살려고 애쓰며 마음속으로 늘 그분께 여쭈었다. "주여, 지금 제가 처한 자리에서 어떻게 하면 주님 나라와 영광을 위해 가장 잘 행동하거나 말하거나 베풀거나 처신할 수 있겠습니까?" 그리고 기도 응답으로 지혜로운 통찰을 선물로 받곤 했다.

　이것이 당신이 현재까지 그리스도를 섬겨온 이력이다. 당신은 그분을 위해 살고 사랑하고 수고했다. 늘 크게 성공한 것은 아니지만 늘 성실하게 열심히 살았다. 당신이 이루어온 선행들과 분투한 싸움들로 당신 신앙의 진성성이 입증되었다. 그렇다, 당신은 정말 역전 노장이다.

당신은 거룩함을 추구했다

　진정한 그리스도인이라면 누구나 알듯이 하나님의 은혜는 우리가 전혀 거룩하지 못한 상태에 있을 때 우리를 찾아내 변화를 촉구한다. 하나님은 아들의 죽음으로 우리를 그분과 화목하게 하셨고, 믿음으로 우리를 의롭다 하셨으며, 그분 가정에 우리를 자녀로 입양하셨다. 알다시피 그런 하나님이 이제 우리에게 거룩해질 것을 명하신다. 그분 자신이 거룩하시기 때문이다. 알다시피 우리는 하나님을 위해 그분의 것으로 구별되었고, 그런 분리와 성별을 통해 신분적으로나 관계적으로는 이미 거룩해졌다. 하지만 개인적이고 주관적인 의미에서는 초자연적 생활 방식을 통해 계속 거룩해지고 있는 중이다. 즉 우리의 정화된 마음에서 성령의 능력으로 말미암아 순종과 사랑과 찬양이 흘러나온다. 하나님을 영화롭게 하는 꿈 같은 의로운 생활도 마찬가지다.

이런 원리를 깨달은 당신은 그것이 자신의 삶 속에 더없이 충만하게 실현되기를 소원했다. 그래서 우리 문화에 넘쳐나는 각종 부도덕과 비인간성과 부정직에 등을 돌렸다. 당신은 교만과 아집으로 표출되는 죄의 행위들에서 자신을 지킴은 물론이고 죄의 공상조차도 멀리하려고 부단히 애썼다. 죄의 공상을 받아들이면 그것이 꼭 행동으로 이어지지 않더라도 마음을 더럽힌다. 그래서 당신은 죄에 민감한 양심을 길렀고, 죄를 살피며 기도하는 습관을 들였다.

당신은 자신이 그리스도 안에서 새로운 피조물이며 내주하시는 성령을 통해 그리스도와 친밀하게 연합한 존재임을 안다. 그래서 육신이 더는 이전처럼 당신의 삶을 지배하는 원동력이 아님을 기뻐한다. 육신은 내면의 죄성이며, 우리의 비뚤어지고 이기적인 성향의 본질이자 총합이다. 하지만 당신도 인정하다시피 육신은 아직도 건재하여 마치 사탄의 제2의 자아처럼 기만과 파괴를 일삼는다. 그래서 노골적인 죄의 행위까지는 아니더라도 적어도 공상 속 나쁜 행실의 세계로 우리를 끌어내린다.

당신은 내면의 죄성이 미치는 인력과 압력을 수없이 거듭 물리쳤고, 그러다 때로 영적으로 실족할 때면 (가끔씩 실족하지 않은 사람이 누가 있겠는가?) 회개와 용서와 회복을 구하여 얻었다. 그래서 당신의 평생의 목적인 날마다 하나님을 기쁘시게 하는 삶은 노년에 들어선 지금도 여전히 변함이 없다.

당신이 누구인가에 대한 이 기본적인 정보를 염두에 두고 이제부터 우리 모든 노인을 공격해오는 특유의 유혹에 대해 살펴보기로 하자.

노인 신자들에게 닥쳐오는 유혹

성경에서 유혹은 우리를 떠보는 시험을 의미한다. 쉽게 말해 우리가 어떤 존재인지 알아보기 위한 것이다. 압박감에 억눌릴 때 의지할 수 있는 우리 안의 자원은 무엇인가? 과연 우리에게 지혜, 생각, 조심성, 분별력, 겸손, 일관성, 신뢰, 성실성, 희망, 내면의 안정과 힘 따위가 충분히 있을 것인가?

마귀뿐 아니라 하나님도 우리를 그렇게 시험하신다. 사탄과 그의 졸개들이 시험하는 목적은 우리를 불속에 집어넣어 파멸시키기 위해서다. 사탄은 에덴동산에서 아담과 하와를 그렇게 쓰러뜨렸고, 우스 땅의 욥과 광야의 예수님을 그렇게 쓰러뜨리려 했다. 반면에 하나님은 훈련을 위한 목적으로 시험하신다. 자신의 종들을 강건하게 하여 미래의 예비된 역할을 감당하게 하시기 위해서다. 그래서 하나님은 아브라함에게 아들 이삭을 선뜻 제물로 바칠 것을 요구하셨고(창 22장), 사탄에게 욥의 삶을 망가뜨리도록 허락하셨다(욥 1-2장). 성령이 예수님을 광야로 몰아내 사탄의 유혹을 통과하게 하신 것도 같은 목적에서다(막 1:12-13). 시험의 많은 부분은 우리에게 숨겨져 있다. 그러나 때때로 동일한 사건 속에서 우리는 전경(前景)에 드러나는 사탄의 악의는 물론이고 배경에 깔려 있는 하나님의 주권적 섭리의 은혜로운 목적이라는 양쪽을 다 볼 수 있다. 사탄이 유혹할 때는 분명히 하나님도 늘 임재하신다. 하나님이 복 주실 때 사탄이 결코 부재하지 않은 것과 마찬가지다.

우리 모든 그리스도인에게는 어떤 식으로든 늘 유혹이 끊이지 않는다. C. S. 루이스(C. S. Lewis)의 고전 『스크루테이프의 편지』(*The Screwtape Letters*, 홍성사)를 읽어보면 이 부분에 대한 통찰이 깊어질 것이다. 사탄은 언제나 우리의 취약점을 겨누어 유혹한다. 그러므로 우리는 늘 경계하고 있어야 한다. 사탄이 유혹할 때마다 제일 먼저 쓰는 수법은 어떻게든 우리를 구워삶아 경계를 늦추게 하는 것이다. 그러면 우리는 교활한 원수가 바로 옆에서 기를 쓰고 우리를 영적으로 파멸시키려 하는 것을 한순간 망각할 수 있다. 영적 전투의 개념을 사람들이 늘 잘

이해하거나 적용하는 것은 아니지만, 그래도 최근 들어 그것이 다시 부각되고 있다. 이것은 특히 우리 노인들에게 꼭 필요한 일이었고 지금도 마찬가지다. 우리 개개인을 대적하는 사탄의 전쟁은 이생이 끝나야만 종료되기 때문이다.

누가의 기록에 보면 예수님이 배반당하시기 직전에 제자들을 가리켜 "너희는 나의 모든 시험 중에 항상 나와 함께 한 자들"이라 표현하신다(눅 22:28, 여기 쓰인 헬라어 단어는 "유혹"을 뜻한다). 이 말씀은 유혹하는 자가 광야에서 세 번 실패한 뒤에 "얼마 동안" 예수님을 떠났다고 한 누가의 표현과 맥을 같이한다(4:13). 얼마 동안이라 함은 마귀가 다시 전열을 가다듬어 예수님을 아버지의 계획에서 이탈시키려 했다는 뜻이다. 아버지의 계획은 예수님이 제물이 되어 죄를 감당하심으로 죄인들이 구원을 받는 것이었다. 베드로가 엉뚱한 기대와 잘못된 선의로 이와 비슷하게 예수님께 십자가의 죽음을 말리려 했을 때, 그분은 "사탄아 내 뒤로 물러 가라"고 되받으셨다(마 16:23). 사탄이 베드로를 시켜 대신 말하고 있음을 아셨

기 때문이다. 십자가를 지지 못하게 막는 일이야말로 예수님의 사역 기간 동안 사탄이 유혹한 핵심이었을 것이다. 그리스도의 제자인 노인들이 요즘 공격당하고 있는 특정한 유혹도 바로 그 연장선상에 있다.

그 유혹은 그리스도인의 삶이 시작된 이후 우리 모두가 겪어온 것이다. 그것은 바로 이미 벌어지고 있는 일에 아무 생각 없이 동조하려는 유혹이다. 우리는 그냥 흐름에 편승하여 세속 사회가 이미 가고 있는 길로 따라간다(우리가 속해 있는 제도권 교회도 그 길로 갈 때가 많다). 우리는 우리 주변의 문화를 지배하는 기준과 통념에 동화한다. 성경은 이것을 가리켜 세상을 사랑하는 세속적 삶이라 진단한다. 우리는 여간해서 그렇게 보거나 그런 표현을 쓰지 않지만 말이다.

우리의 주제인 은퇴의 경우, 사회는 은퇴를 굉장히 중대한 분수령과 같은 사건으로 여긴다. 은퇴하면 소위 일의 세계에서 해방되기 때문이다. 지금까지 우리는 각자의 직업에서 열심히 일하면서 자기와 직접 관련이 없는 부분에까지 연대책임을 져야 했다. 그런데 이제는 스

스로 주인이 되어 마음대로 삶을 설계할 수 있다. 은퇴는 삶의 속도와 추진력을 늦추고 편히 쉬라는 초대장으로 통하며, 그런 시각 자체가 철저히 좋은 것으로 간주된다. 연금이나 불로소득으로 노후 생활이 보장되므로 우리는 모든 책임을 벗어버린다. 이전에는 모든 일을 조직하고 촉진하고 감시하고 개조하는 일이 우리의 임무였으나 이제 그것을 다른 사람들에게 넘기는 것이다.

이렇듯 우리는 은퇴를 매사에 여유를 부리며 남은 생애 동안 방종을 앞세워도 된다는 면허증쯤으로 여긴다. 빌리 그레이엄(Billy Graham)은 자신의 성경에 은퇴라는 단어가 없다는 말을 자주 했다. 그 말의 취지와 굳이 그런 말을 한 이유를 알 것 같다.

다행히 어느 교회에나 은퇴할 때가 되면 다른 이유에서 기뻐하는 사람들이 늘 있다. 은퇴하면 그리스도인의 사역에 힘쓸 시간이 그만큼 더 많아지기 때문이다. 하지만 주변의 예상은 다르다. 현역 시절에는 그리스도인으로서 배우고 이끄는 일이 삶의 큰 부분을 차지했지만, 은퇴하면 그런 일을 다 그만두려니 생각하는 것이다. 굳이 입

밖으로 말하지는 않지만 그런 통념은 고쳐지지 않고 있다. 교회가 은퇴자들에게 바라는 거라고는 다른 사람들이 맡은 각종 사역을 고작 옆에서 계속 지원하는 정도다.

개인적으로 보면 이런 후퇴가 당연해 보일 수 있다. 세상이 노인들을 연금으로 퇴출시켰을 뿐 아니라 노인들 자신도 점점 기력이 쇠진해지는 것을 느낀다. 그래서 자신의 부담을 줄여주는 것이 적절한 자기관리로 느껴진다. 그러나 사탄은 우리를 그런 사고방식에 빠뜨려서 우리의 제자도를 방해하고 위축시키고 꺾어 놓는다. 그리하여 하나님 나라의 일꾼이어야 할 우리를 동정심 많은 구경꾼으로, 나아가 다른 교인들이 힘들여 떠맡아야 할 군식구로 전락시킨다.

현대 교회는 주변 세상을 본받아 노인들을 위해 여러 가지 활동과 여행과 잔치 등을 기획한다. 또한 집이나 병실에 갇혀 지내는 노인들을 심방하기도 한다. 하지만 나머지 교인들을 대할 때와는 달리 더는 노인들의 은사를 찾아주거나 길러주거나 활용하지는 않는다. 이렇듯 교회는 은사와 사역의 역량도 마치 나이와 함께 시드는 것처럼 행동한다. 하지만 은사는 노인이 된다고 해서 약해지는 게 아니라 사용하지 않아 무디어질 뿐이다.

노인 신자들의 사역

따라서 교회는 노인들을 도울 때 노년층의 점점 약해지는 몸도 마땅히 고려해야 하지만, 동시에 이 그리스도인들이 노년기 이전에 보여주었던 사역의 역량도 귀히 여기고 계속 활용해야 한다. 그리스도인 노인들은 또 그들대로 하나님을 예배하고 섬기는 일과 다른 사람들을 양육하는 일에 계속 힘써야 한다. 이전처럼 배우는 활동과 이끄는 활동에서 아직 감당할 수 있는 한 최고의 역량을 발휘해야 한다.

그렇다면 방금 말한 두 가지 활동에 대해 간단히 살펴보자. 양쪽 다 우리가 흔히 알고 있는 것 이상이 개입된다.

배우는 활동

평생 배우는 것은 모든 그리스도인의 소명이다. 우리는 그리스도인의 삶의 기준이 되는 진리와 그 진리대로 살아가는 방법을 배워야 할 뿐 아니라, 성경이 그것을 어떻게 가르치고 있으며, 현대 세계에서 그것이 어떻게 잘못 진술되고 잘못 이해되며 잘못 적용되고 있는지도 배워야 한다. 옛날에는 그와 같이 교회에서 가르치고 배우는 일을 교리 교육이라 불렀으나 지금은 그것이 낯선 단어가 되었다. 가장 큰 이유는 교리 교육 자체가 더 이상 시행되고 있지 않기 때문이다.

신약성경의 목회 서신에 여러 모양으로 두루 지적되어 있듯이, 우리는 교회가 잘못된 행실뿐 아니라 잘못된 교리에 언제라도 오염될 수 있음을 예상해야 한다. 연령을 불문하고 교회는 학습 공동체로 자처해야 한다. 복음의 진리를 가르치고 변호하여 각종 변질된 복음과 다른 복음에서 지켜내야 한다. 교회는 참된 가르침과 거짓된 가르침의 모든 차이를 간파해야 하고, 진리를 드러내는 행동과 진리를 흐리는 행동을 구분해야 한다. 그래야만 건강한 교회가 될 수 있다.

아주 명백히 못 박아 말하거니와 경건 생활을 위한 성경공부 못지않게 교리 교육을 위한 성경공부도 똑같이 필요하다. 전자는 믿음을 키워주고 기도를 북돋는 것으로, 대다수 그리스도인들이 이미 알고 있고 현재 시행 중이다. 그러나 요즘 대다수 그리스도인들이 후자에는 문외한이다. 하지만 그것이 없으면 아무리 선의의 생각이나 마음도 자꾸 곁길로 빠지기 쉽다.

이끄는 활동

똑같이 강조해야 할 말이 있다. 모든 사람은 누군가의 지도자다. 목사는 자신들이 인도하고 가르치는 교인들의 지도자다. 부모는 자녀의 지도자고 배우자는 서로를 보완해주는 지도자다. 친구끼리도 서로 지도자다. 내가 말하는 리더십은 모든 영향력을 포괄하는 넓은 의미의 리더십이다. 의도적이고 공식적인 영향력 못지않게 무의식중의 비공식적인 영향력도 거기에 포함된다. 이런 의미에서 리더십은 관계 속에서 타인의 삶에 조금이라도 영향을 미치는 힘이다. 리더십의 개념을 군대나 정당이나 기업 따위의 제도화된 직위로만 축소한다면 내가 보기에 이는 가장 막강한 형태의 리더십을 간과하는 처사다. 요즘 그런 협의의 개념이 널리 퍼져 있다.

친밀한 애정의 관계에는 언제나 리더십의 요소가 들어있다. 한쪽 방향으로는 물론이고 양방향일 때도 있다. 따라서 리더십의 책임은 우리가 반드시 인식해야 할 현실이다. 어차피 우리는 타인에게 어떤 식으로든 영향을 미치게 되어 있다. 따라서 좋은 영향이 아니라면 상대에게 악영향을 끼쳐 잘못된 길로 이끌 위험이 있다. 누가 그것을 원하겠는가?

기독교의 지혜가 경고하듯이 우리는 친밀한 관계가 서로에게 미치는 영향력을 현실로 인식해야 하며, 가장 가까운 사람들에게 좋은 리더십을 베풀고자 늘 힘써야 한다. 성경에서 보듯이 이런 리더십의 관계는 세대간에 이루어질 수 있다. 모세와 여호수아, 바울과 디모데가 좋은 예다. 또한 가정의 정황 속에서도 리더십의 관계가 이루어져 부모나 부모 위치에 있는 인물이 젊은 자녀를 가르쳐야 한다. 잠언과 전도서에서 그런 예를 볼 수 있다.

그리스도인 은퇴자들의 근로 소득이 끝났다는 이유만으로 배우고 이끄는 이 두 가지 활동까지도 끝났다고 생각해서는 안 된다. 그리스도인 노인들도 자신을 그렇게 보아서는 안 된다. 마치 재미있게 지내는 것 말고는 할 일이 없다는 듯 말이다. 그것은 아주 지독히도 우매한 세상적인 생각이다.

하나님이 노인 신자들을 위해 예비하신 길

신약성경을 보면 그리스도인의 삶을 경주로 생생히 묘사한 대목이 여러 번 나온다. "인내로써 우리 앞에 당한 경주를 하며…예수를 바라보자"(히 12:1-2). 비슷하게 바울도 훈련되지 못한 고린도 교인들을 이렇게 설득한다.

> 운동장에서 달음질하는 자들이 다 달릴지라도 오직 상을 받는 사람은 한 사람인 줄을 너희가 알지 못하느냐 너희도 상을 받도록 이와 같이 달음질하라 이기기를 다투는 자마다 모든 일에 절제하나니…그러므로 나는 달음질하기를 향방 없는 것 같이 아니하고 싸우기를 허공을 치는 것 같이 아니하며 내가 내 몸을 쳐 복종하게 함은 내가 남에게 전파한 후에 자신이 도리어 버림을 당할까 두려워함이로다.
>
> _ 고전 9:24-27

사도의 은유는 "마치"의 논리에 의지하여 호소한다. 마치 그들 자신이 시합에 나간 것처럼 달리라는 것이다. 그러면 경쟁자들을 이기기 위해 최대한 빨리 달릴 수밖에 없다. 바울이 갈라디아서 2장 2절과 빌립보서 2장 16절에 쓴 "달음질"이라는 말에도 같은 의미가 함축되어 있다. 하나님을 섬기는 자신의 삶을 경주에 비유한 것이다. 끝으로 그는 노인이 되어(몬 1:9) 순교를 앞두었을 때

이렇게 고백했다. "나의 떠날 시각이 가까웠도다 나는 선한 싸움을 싸우고(아마 씨름에서 따온 은유일 것이다) 나의 달려갈 길을 마치고 믿음을 지켰으니 이제 후로는 나를 위하여 의의 면류관이 예비되었으므로(그리스의 운동 경기에서 승자가 쓰던 월계관에 상응한다)"(딤후 4:6-8).

사도가 언급한 경주의 은유에는 다음과 같은 네 가지 긍정적 개념이 분명히 종합되어 있다. 첫째, 냉철하게 목표 지향적이다. 이기기 위해서 달린다. 둘째, 그 목표에 맞는 계획이 있다. 어떻게 달릴지 궁리하여 속도를 조절하고 마지막 질주에 대비한다. 셋째, 철저히 집중한다. 훈련을 최우선으로 삼아야 마침내 경주에서 이길 수 있다. 넷째, 최선을 다한다. 모든 힘을 쏟아부어 전력 질주한다. 바로 이것이 바울이 생각한 그리스도인의 충실한 삶이다. 우리 신자들도 바울처럼 달려야 한다.

물론 바울은 그리스도인의 삶을 그런 관점에서만 본 것은 아니다. 신학과 그 출처인 계시된 진리의 관점에서 본다면, 그리스도인의 삶은 받은 은혜에 감사하는 삶이다. 본래 사랑받고 수용될 수 없던 사람을 하나님이 사랑으로 구원해주셨으니 우리는 그 감당 못할 영광에 감동하고 반응함이 옳다. "내가 하나님의 모든 자비하심으로 너희를 권하노니 너희 몸을 하나님이 기뻐하시는 거룩한 산 제물로 드리라 이는 너희가 드릴 영적 예배니라"(롬 12:1). 또한 꾸준히 정진해야 한다는 특성으로 본다면, 바울에게 그리스도인의 삶이란 걸음이었다. 곁길로 빠지지 않고 정로로만 전진 또 전진해야 했다. "그러므로 너희가 그리스도 예수를 주로 받았으니 그 안에서 행하되 [걷되] 그 안에 뿌리를 박으며 세움을 받아 교훈을 받은 대로 믿음에 굳게 서서 감사함을 넘치게 하라"(골 2:6-7).

그래도 앞서 보았듯이 바울의 인생관의 핵심은 경주의 은유였다. 나도 똑같이 권하고 싶다. 모든 노화하는 그리스도인도 마음과 생각의 구심점을 거기에 두어야 한다. 그들은 자신의 몸이 느려지고 있음을 알고 느낀다. 하지만 우리에게 닥친 도전은 몸 때문에 영적인 면에서까지 느려지는 게 아니라 오히려 이 땅에서 보내는 마지막 시기를 위해 최대한 열정을 가꾸는 것이다.

왜 하필 열정인가? 열정이 있어야 계속 달릴 수 있기

때문이다. 그렇다면 열정이란 무엇인가? 요즘은 이 단어를 듣기도 힘들고 우리 자신도 별로 쓰지 않는다. 그러니 그 의미가 모호해진 것은 당연한 일이다. 느헤미야 3-6장에 보면 몸이 성한 예루살렘 주민들이 모든 역경을 딛고 52일 만에 3킬로미터가 넘는 허물어진 성벽을 모두 재건했다. 이는 행동하는 열정의 전형적 사례다. 또한 요한복음 앞머리에는 무섭도록 노하신 예수님이 상업화된 예루살렘 성전을 정화하시는 장면이 나온다. 그리고 이런 말씀이 이어진다. "제자들이 성경 말씀에 '주의 전을 사모하는 열심이 나를 삼키리라' 한 것을 기억하더라"(요 2:17, 시편 69:9의 인용).

하나님 나라를 향한 열정은 하나님 자신의 속성이다. 그분이 자신을 그렇게 계시하셨다(사 9:7). 따라서 하나님의 대의와 나라와 영광, 곧 성전으로 상징되던 모든 것을 위한 열정은 성육신하신 아들 안에 있던 하나님의 형상 가운데 한 요소였다. 성경에 따르면 그리스도인들도 성령으로 말미암아 바로 그 형상으로 새로워져야 하며 실제로 그렇게 새로워지는 중이다(고후 3:18, 엡 4:20-24,

골 3:10). 성령이 새롭게 하시는 그 과정이 우리의 노화 때문에 중단되도록 정해져 있다는 암시는 성경 어디에도 없다. 아무리 우리가 미련한 행동과 잘못된 태도로 아무 때나 그 과정을 막을 수 있을지라도 말이다.

그렇다면 하나님, 경건, 그분의 명예 등을 위한 열정이 그리스도께 하나님의 형상을 이루는 필수 요소였듯이 우리에게도 마땅히 그래야 한다. 이 땅의 삶이 다하는 순간까지 우리는 그리스도인의 다른 모든 덕과 더불어 열정을 가꾸어야 한다. 적어도 자신의 생각을 의식적으로 집중하고 통제할 수 있을 때까지는 그래야 한다. (알다시피 각종 심장 질환과 치매에 현대 의학의 고통 완화 기술까지 어우러져 우리는 이생의 말기를 장기간 혼수상태나 반혼수 상태로 보내야 할 수 있으나 그것은 여기서 논외로 한다.)

그래서 우리는 다시 묻는다. 열정이란 무엇인가? 열정은 열과 성을 다하여 하나님의 대의에 최우선으로 힘쓴다는 뜻이다. J. C. 라일(J. C. Ryle)은 침례교 목사인 찰스 스펄전(Charles Spurgeon)에게서 "영국국교회의 가장 뛰어난 인물"이라는 평을 들었다. 다음은 라일이 19세기

후반에 이 주제에 대해 남긴 명언이다.

신앙의 열정이란 모든 가능한 방법으로 세상에서 하나님을 기쁘시게 하고, 그분의 뜻을 행하며, 그분의 영광을 드러내려는 불타는 갈망이다…
열정적인 신앙인은 지독히도 한 가지밖에 모른다. 성실하고 열렬하고 타협할 줄 모르고 철저하고 전심을 다하고 심령이 뜨겁다는 말 정도로는 그를 설명하기에 부족하다. 그는 한 가지밖에 보지 못하고, 한 가지에만 마음을 쓰며, 한 가지만을 위해 살아간다. 그 한 가지란 바로 하나님을 기쁘시게 하는 것이다. 자신이 살든 죽든, 건강하든 병들든, 부유하든 가난하든, 남이 좋아하든 싫어하든, 남 보기에 지혜롭든 우매하든, 비난을 듣든 칭찬을 듣든, 명예를 얻든 수치를 당하든 열정적인 사람은 그 무엇에도 전혀 마음을 쓰지 않는다. 그는 한 가지만을 위해 불타오른다. 그 한 가지란 바로 하나님을 기쁘시게 하고 그분의 영광을 드러내는 것이다. 자신이 그 불에 다 타버린다 해도 그는 개의치 않고 만족한다. 등불처럼 자신도 타도록 지음받았다고 생각한다. 자신이 만일 불타 없어진다면 이는 하나님이 맡겨주신 일을 한 것뿐이다. 이런 사람은 늘 어디든 자리를 찾아 열정을 쏟는다. 설교하고 일하고 헌금할 수 없다면 그는 울부짖고 탄식하며 기도한다. 골짜기에서 여호수아와 함께 싸울 수 없다면 산꼭대기에서 모세와 아론과 훌의 일을 한다(출 17:9-13)…내가 말하는 신앙의 '열정'이란 바로 그런 의미다.

_ *Practical Religion* [Cambridge, UK: James Clarke, 1959, 130, 『믿음으로 살라』(복있는 사람)]

몸이 노쇠해져도 하나님을 향한 열정을 잃어서는 안 된다. 그것이 우리 늙어가는 그리스도인들의 소명이자 특수한 훈련이다. 물론 현실이 늘 일깨워주듯이 우리의 기억력, 특히 단기 기억은 약해질 것이다. 말의 조리와 집중력이 떨어질 것이고, 기력이 계속 저하되어 조만간 몸이 탈진될 것이다. 하지만 열정만은 끝까지 요지부동이어야 한다. 날마다 온종일 그래야 한다. 그러려면 열정을 북돋워줄 소망이 필요하다. 그것이 내가 이 책에 마지막으로 하려는 말이다. 앞에서와 마찬가지로 이 주제에도 따로 한 장을 할애해야 한다.

이 땅의 삶이 다하는 순간까지 우리는 그리스도인의
다른 모든 덕과 더불어 열정을 가꾸어야 한다.
적어도 자신의 생각을 의식적으로
집중하고 통제할 수 있을 때까지는
그래야 한다.

4

앞을 내다보며

노년, 그 새로운 삶의 시작

Finishing Our Course With Joy

우리 인간은 본성상 소망하는 존재다. 소망은 우리에게 의욕과 원동력과 추진력을 가져다준다. 좋은 일을 동경하며 앞을 내다보는 것은 우리에게 자연스러운 일이다. 하나님이 우리를 그렇게 지으셨다. 우리는 육화된 이성적 피조물이다. 처음부터 그분이 계획하셨듯이 우리는 이 세상을 살 때 늘 앞을 내다보며 준비해야 한다. 현재 알고 있는 것보다 더 나은 삶이 우리를 기다리고 있다.

죄와 타락이 없었다면 인류는 더 나은 삶으로 어떻게 이행했을까? 그 경우에도 이행 이전에 어떤 식으로든 몸이 노쇠했을까? 이것은 우리가 알 수 없는 부분이다. 구약성경이 우리에게 주어졌을 때 세상은 이미 죄 때문에 본래 계획되었던 이행이 망가진 상태였다. 이전에 몰랐던 암울한 현실이 그것을 대신했으니 바로 죽음이다.

죽음으로 자아와 육체가 분리된다. 하지만 신약성경이 우리에게 알려주는 많은 좋은 것 중 하나가 있다. 하나님의 창조 계획 중 이 부분이 이제 신인(神人)이신 예수 그리스도의 죽음과 부활을 통해 우리에게 원상 복구되었다는 사실이다.

하지만 오늘날 탈기독교 문화로 즐겨 자처하는 세속 문화의 참으로 슬픈 특성 중 하나는 그런 소망을 잃어버렸다는 것이다. 이 땅의 삶에 대한 단기적 소망은 많이 보인다. 예컨대 이런저런 병이나 장애나 깨어진 관계나 경기 불황에서 회복되리라는 소망, 이런저런 사업에 성공하리라는 소망, 이런저런 재난을 면하리라는 소망 등이다. 하지만 장기적 소망, 영원한 소망, 이생 너머로 끝없이 뻗어 나가는 소망은 하나님, 곧 기독교의 삼위일체 하나님을 믿는 믿음과 직결된다. 세상은 바로 그 소망에 문외한이 되어버렸다.

한때 기독교 국가로 자처하던 나라들이 기독교 신앙에서 떨어져 나간 탓에 그리스도인의 소망을 잃고 말았다. 이것은 크나큰 상실이다. 신약성경에 보듯이 주 예수 그리스도는 하나님이 이스라엘에게 약속하신 소망을 실현하셨을 뿐 아니라 그분을 믿는 우리에게 상상을 초월하는 영광스러운 미래의 소망을 되찾아주셨다. 그날이 오면 악이 완전히 없어지고 선이 무한히 편만해질 것이다. 영화(榮化)된 그리스도와 영화된 그리스도인들로 더불어 끝없이 환희의 교제를 나눌 것이다. 지금으로서는 감히 상상할 수도 없는 방식으로 하나님의 영광과 아름다움을 영원히 즐거워할 것이다.

바울은 우주가 완전히 새로워질 그날을 내다보며 "우리가 소망으로 구원을 얻었으매"라고 말했다(롬 8:24). 베드로도 자신의 언변을 총동원하여 신앙인들이 맞이할 그 모든 경이와 기쁨을 이렇게 예찬했다.

> 그의 많으신 긍휼대로 예수 그리스도를 죽은 자 가운데서 부활하게 하심으로 말미암아 우리를 거듭나게 하사 산 소망이 있게 하시며 썩지 않고 더럽지 않고 쇠하지 아니하는 유업을 잇게 하시나니 곧 너희를 위하여 하늘에 간직하신 것이라 너희는 말세에 나타내기로 예비하신 구원을 얻기

> 위하여 믿음으로 말미암아 하나님의 능력으로 보호하심을 받았느니라 그러므로 너희가 이제 여러 가지 시험으로 말미암아 잠깐 근심하게 되지 않을 수 없으나 오히려 크게 기뻐하는도다 너희 믿음의 확실함은 불로 연단하여도 없어질 금보다 더 귀하여 예수 그리스도께서 나타나실 때에 칭찬과 영광과 존귀를 얻게 할 것이니라 예수를 너희가 보지 못하였으나 사랑하는도다 이제도 보지 못하나 믿고 말할 수 없는 영광스러운 즐거움으로 기뻐하니 믿음의 결국 곧 영혼의 구원을 받음이라.
>
> _ 벧전 1:3-9

신약성경에는 예수 그리스도가 만천하에 나타나실 그날을 간절히 사모하는 마음이 가득하다. 그날 그분은 모든 죽은 자를 살려 다시 육체를 입히실 것이다. 우주를 새롭게 하시고 질서를 회복하실 것이다. 참 성도들을 그분께로 데려가시고, 교회 생활에서 어떤 역할을 했든 본래 그분의 참 소유가 아니었던 자들과 처음부터 그분을 거부했던 자들을 쫓아내실 것이다.

그런 내용을 여기서 다 다룰 수도 없고 어차피 이 책의 주제와 다 관련된 것도 아니다. 하지만 여기서 강조하고 싶은 것이 있다. 첫 백 년 동안 세상을 변화시킨 그리스도인들의 영향력은 이 영광의 소망을 붙잡은 기쁨과 감격의 직접적 결과였다(영광의 소망이 그들을 붙잡았다고 해야 할지도 모른다). 로마 제국도 지금의 세상처럼, 그 자체로는 원동력이 될 만한 소망이 전혀 없었다. 그토록 많은 사람이 기독교의 메시지를 갈급해하며 경청한 이유가 그것으로 설명된다. 거듭 강조하거니와 이 소망을 되찾아 다시 적용하는 일이야말로 오늘 우리의 급선무다.

우리의 앞날

지금부터 이런 취지로 살펴볼 본문은 고린도후서 4장 16절부터 5장 10절까지다.

우선 본문의 문맥과 사고의 흐름부터 살펴보자. 바울

은 고린도 교인들에게 자신의 사도직을 장황하게 변호하고 있다. 그들은 그의 사역을 깎아내렸지만, 바울은 자신이 그들에게 그리스도의 복음과 성령의 은사를 전할 수 있었던 특권을 즐거워했다. 이어 이렇게 고백한다. "우리가 이 보배를 질그릇에 가졌으니"(4:7). 그러면서 하나님이 자신에게 허락하신 고난의 삶을 쭉 개괄한다(4:8-12). 고통과 압박 때문에 힘이 소진된다는 이 주제는 6장 3-10절, 11장 23-29절, 12장 7-10절에도 다시 등장한다. 특히 12장에는 죽을 때까지 그의 육체를 떠나지 않았던 가시가 언급된다. 우리는 그것이 몸(그렇지 않다면 육체에 있다고 하지 않았을 것이다)의 고통(그렇지 않다면 가시라 부르지 않았을 것이다)이었다는 사실밖에 모른다.

바울은 고린도 교인들과의 관계를 회복하려는 목적에서 그들에게 자신이 사도로서 몸 고생이 심했음을 털어놓았다. 오늘날 몸 때문에 고생(아픔, 통증, 육체적 제약)이 심해져가는 많은 사람도 틀림없이 그에게 공감할 것이다. 현대 의료의 혜택으로 노화 과정이 길어지다 보니 그런 삶은 불가피하다. 노년기가 길어지면 대개 몸에 대한 의식도 더 예민해진다. 즉 자신의 몸이 이전 같지 않게 자꾸만 편해지려고 하는 게 항시 느껴진다. 몸에 대한 이런 의식은 젊었을 때는 없다가 늙어가면서 찾아온다. 이제 몸은 복이 아니라 짐이다. 바울은 고린도후서를 쓸 때 중년의 나이였다. 그런데 아마도 갖은 고초를 겪으면서 조로(早老)하여 그것이 몸으로 느껴졌던 게 아닌가 싶다.

하지만 몸은 축났어도 바울의 심령은 꺾이지 않았다. 마음에 타박상조차 입지 않았던 것 같다. 그는 동료 선교사들과 자신을 하나로 묶어서 "우리 살아 있는 자가 항상 예수를 위하여 죽음에 넘겨짐은 예수의 생명이 또한 우리 죽을 육체에 나타나게 하려 함이라"(4:11)고 설명했다. 또한 "우리가 낙심하지 아니하노니"(4:16, 또한 4:1, 5:6)라는 고백도 여러 번 등장한다. 이 대목에 쓰인 동사들은 환난에도 불구하고 밝고 뜨거웠던 그의 확신을 잘 보여준다. 이어 그는 소망이 넘치는 본문으로 넘어가(5:1-10) 이 밝은 확신의 근거를 네 가지 중요한 "아느니라"(5:1)로 소개한다. 네 가지 계시된 진리라 할 수 있다.

계시된 진리 하나   우리는 새로운 육체가 그리스도의 모든 종을 기다리고 있음을 안다(5:1). 바울은 그것을 하늘에 있는 집으로 표현했다. 장차 우리는 하나님이 우리를 위해 이미 지어놓으신 그 집에 살 것이다. 우리의 천국 입성을 기다리고 있는 그 몸에는 이를테면 각자의 이름표가 붙어 있다. 현재 우리가 거주하고 있는 몸은 그에 비하면 천막이다. 임시 거처라서 바닥도 흙이고 비바람이 새어들며 편의 시설도 부족하다. 이 천막은 새 집과 달라서 결국 닳아 없어진다. 바울은 천막을 만드는 업에 종사했는지라 새 집에 사는 게 훨씬 더 좋음을 잘 알았다.

계시된 진리 둘   승격된 거처인 부활의 몸으로 이주하면 이때까지 알던 육화된 삶이 무한히 더 풍요로워짐을 우리는 안다. 물론 그 몸은 현재의 몸과 어떤 식으로든 연관성이 있겠지만, 씨앗과 거기서 자라는 식물이 다르듯 또한 서로 다를 것이다(고전 15:35-49 참조). 바울이 고린도후서 5장 3-4절에서 하는 이 변화의 사건은 현재의 육체를 폐기하고 벗는 경험이 아니라 오히려 "덧입는" 경험이다. 마치 추운 날 이미 입고 있는 옷 위에 방한복을 더 입고 바깥으로 나가는 것과 같다. 바울이 쓴 약간 특이한 동사에 그것이 아주 정확히 표현되어 있다. 그의 은유는 가장자리는 흐릿하지만 한가운데는 또렷하다. 이 은유에 담긴 그림은 낡은 몸에서 새 몸으로 이행하는 방식이 아니라 이행한 후의 결과다.

우리의 새 몸은 새로운 환경("하늘," 고후 5:1)에서 온전히 편안할 것이다. 방한복을 입은 사람이 추운 야외에서 온전히 편안한 것과 마찬가지다. 새 몸을 입으면 목표가 너무 높아 이룰 수 없거나, 역부족으로 소원이 무산되거나, 약해서 힘을 발휘하지 못하는 일이 전혀 없다. 하고 싶은 일은 무엇이든 다 할 수 있다. 죽음의 모든 요인은 죽음 자체와 함께 "생명에 삼킨 바" 된다(5:4). 바울은 그 영광스러운 삶을 사모했다. 우리도 현재의 몸이 약해질수록 바울처럼 그래야 한다. 하나님은 우리를 이 이행과 변화에 준비시키시려고 우리 안에 그것을 사모하는 마음을 불러일으키신다. 또한 이미 우리가 성령으로 말미암아 그런 초자연적 삶을 경험하고 있음을 확신시켜주신다. 그래서 우리는 예수 그리스도에 대한 진리를 인정하고 그분의 능력을 체험하게 된다(5:5).

계시된 진리 셋 하늘에서 새 몸을 입으면 우리는 주 예수를 직접 보고 온전히 알게 된다. 그것은 지금의 몸 안에 거하는 동안에는 불가능한 일이다. 지금도 진정한 그리스도인들의 목적이 하나님을 기쁘시게 하는 것이듯 그때도 우리의 목적은 동일할 것이다(5:6-9). 우리는 감사와 경배에 넘쳐 자발적으로 그 일에 전심을 다할 것이다.

계시된 진리 넷 그리스도인을 포함하여 다른 모든 사람과 마찬가지로 우리도 어느 날 그리스도의 심판대 앞에 설 것이다. 그날(아마도 부활의 날) 결정될 사항은 우리가 영원을 어디서 보낼 것이냐가 아니다. 그거라면 우리가 처음 그리스도께 자신을 드리고 십자가를 통해 용서받고 하나님과 화목하게 되던 날 이미 정해졌다. 심판날에 결정될 사항은 그리스도와 함께할 그 영원한 삶을 우리가 어떤 상태로 보낼 것이냐 하는 것이다.

바울은 이렇게 생각했던 것 같다. 즉 우리가 끝없이 누릴 그리스도의 사랑과 선하심의 질은 현재 우리 삶에서 나타나는 그분을 향한 사랑과 헌신의 질에 어떻게든 상응한다는 것이다(5:10). 그렇다면 "주의 두려우심"을 안다는 그의 말에 암시된 대로, 지금 그리스도를 섬기기에 게으르고 무책임한 사람은 하늘에서 가장 충만한 기쁨을 누리기에 합당하지 못할 수 있다. 그래서 바울은 사람들을 권면하는 전도 사역에 나태해지지 않고자 노력했다.

이렇듯 바울은 그리스도 안에 있는 소망을 알았기에 거기서 큰 격려와 추진력과 새 힘을 얻어 고생으로 점철된 순회 사역을 감당할 수 있었다. 아울러 바울이 혹시 그리스도인 노인들에게 뭔가를 권고했다면(신약성경에 그런 예는 없다) 편히 쉬며 여유를 부리라고 조언하지 않았으리라는 것만은 분명하다.

이제 어찌할 것인가?

민간에 널리 떠도는 지혜의 한 가지 골자는 이것이다. 결국 사람은 자신이 가진 것으로 최선을 다해야 한다는 것이다. 나와 내 또래처럼 늙어가는 그리스도인들에게는 그것이 어떻게 적용될까? 지금까지 살펴본 내용에서 몇 가지 가닥을 한데 엮어 답을 찾아보자.

평생 교회에 몸담고 살아온 노익장 그리스도인들이 가진 것은 무엇일까? 그들이 활용할 수 있는 자원, 나눌 수 있는 보화, 기댈 수 있는 지혜는 무엇일까? 비록 연로하나 아직 그들의 몸이 정정하고 의식 또는 무의식의 정신 질환이나 장애나 망상도 없다고 가정하자. 그렇다면 그리스도인의 교제, 하나님 나라의 비전, 제자 삼는 전략 등의 탁자에 그들이 내놓을 수 있는 독특한 것들이 있을까? 앞에서 살짝 지적하고 넘어갔던 것 네 가지를 드디어 언급할 차례가 되었다.

기회

오늘날 노인들에게 21세기는 새 시대다. 오늘의 의료 혜택이 수명을 연장시켜주고 기동성을 지속시켜준다는 의미에서 그렇다. 이전 세대들은 생각할 수도 없던 일이다. 이제 80대에는 물론 90대에 들어서서도 꽤 정정하게 살아가는 노인들이 흔해졌다. 내가 젊었을 때만 해도 일흔이 넘도록 건강하게 활동하는 사람은 극소수라는 게 세간의 통념이었으나 지금은 한물간 생각이 되었다. 이제 대부분 그리스도인은 일흔이 넘어서도 적어도 10년은 실제로 그리스도를 위해 활동적으로 봉사할 수 있다. 교회와 사회는 물론 노인들 자신도 현재 그런 가능성에 적응하는 중이다.

성숙

셰익스피어의 적절한 표현을 빌려 말하자면 사람이 "무르익는" 원리도 과일이 익는 것과 같다. 영양분을 소화하고 기후에 반응하는 과정을 거쳐야 한다. 이 과정에는 일정한 시간이 소요되며 결코 속성(速成)으로는 안 된다. 인간의 다른 모든 성장이 그러하듯 그리스도인의 영적 성숙도 마찬가지다. 이 경우 영양분은 성경과 복음의 진리들이고, 기후는 그동안 각 그리스도인의 환경이 되었던 교회, 가정, 단체 등의 기독교 공동체라 할 수 있다.

그리스도인 노인들은 다른 사람들보다 무르익은 진도가 더 나가 있어야 한다. 하지만 영양분과 기후의 여러 변수가 영적 성장에 큰 영향을 미친다. 영적 성숙이란 주 예수 그리스도를 통한 삼위일체 하나님과 맺는 깊고 잘 검증된 관계이자 또한 신자들 및 비신자들과 맺는 질적 관계다. 사람들과 관계를 맺으려면 관심, 긍휼, 온정, 돌봄, 지혜, 통찰, 분별, 이해 등이 수반된다. 영적 성숙은 관계를 통해서만 확인될 수 있는 자질이다. 모든 목양 사역에 그것이 요구된다. 그리스도인 노인들에게서도 그것이 나타나야 하며 실제로 빈번하게 나타난다. 덕분에 그들은 교회에서 늘 유용한 존재가 될 수 있다. 전도와 양육에 주력하는 교회에서라면 그렇다.

겸손

앞서 보았듯이 예로부터 교만은 인간 죄성의 뿌리로 꼽힌다. 교만은 하나님을 무시하고 자기를 내세우며 다른 사람들을 희생시켜 자기를 높인다. 반면에 겸손은 지속적 회개의 산물이다. 회개하는 사람은 모든 형태의 교만을 의지적으로 물리치고 외면한다. 기도하고 경계하며 애써 교만을 피한다. 교만과 싸우는 심령의 전투가 평생의 일이듯 겸손도 삶의 태도로 점점 깊이 뿌리를 내려야 한다. 그리하여 하나님과 사람들의 처분에 자신을 맡길 수 있어야 한다. 노익장 그리스도인들에게서도 그런 태도가 갈수록 더 나타나야 한다. 진정한 영적 성숙은 말하자면 하향 성장이라서 언제나 더 깊은 겸손으로 내려간다. 건강한 영혼은 나이가 들수록 더욱더 겸손을 풍기게 마련이다.

치열함

이 말의 의미는 불안한 긴장이 아니라 집중력이다. 하나님을 기쁘시게 하고 그분의 대의와 영광을 드러내는 일에 몰두하는 것이다. 한마디로 앞서 소개했던 열정이다. 세속 사회는 노인들의 열정을 전혀 기대하거나 장려하지 않는다. 하지만 이는 노인들을 한물간 존재로 보는 세상 풍조의 단면일 뿐이다. 이 책에 거듭 강조했듯이 그리스도인들은 연령을 불문하고 그런 태도를 배격해야 한다.

가슴 설레는 확실한 소망이 있는 사람은 그것을 간절히 사모하고 열심히 추구하며 그것이 이루어질 날을 지금부터 미리 즐거워하는 게 당연하다. 이는 박수를 받을 일이지 비웃음을 살 일이 아니다. 체력과 기억력과 창의력이 떨어질수록 노인들은 더욱 민감하게 영광의 소망에 의식적으로 집중해야 한다. 더욱 기쁘게 한결같이 그 소망을 묵상해야 한다. 그러면 하나님과 그분의 사람들에게 계속 쓸모 있는 존재가 되고 싶은 열망이 끝까지 더욱 치열해질 수밖에 없다. 그런 노인들은 거룩함과 사랑 가운데서 성경이 말하는 이웃의 도리를 다하게 된다.

그런 점에서 우리는 자기 가족을 잊지 않는 게 중요하다. 비록 가족이 우리를 잊는 것 같더라도 말이다. 오늘날 도시에서 핵가족은 인간의 당연하고도 이상적인 단위로 통한다. 핵가족은 양쪽이나 한쪽의 부모에 대개 하나나 둘 또는 셋의 자녀로 구성된다. 조부모나 삼촌이나 숙모나 그 밖의 노인들과는 겨우 명목상의 관계만 유지할 뿐이며 그들에게 조언을 구하는 일은 거의 없다. 기껏해야 그들은 멀리서 호의를 베풀거나 간혹 일손을 거드는 정도를 벗어날 수 없다.

물론 노인들이 자녀의 가정사에 제멋대로 끼어드는 것은 해로운 일이다. 예컨대 시댁이나 처가의 일부 군림형 어른들이 그런 경우다. 성경의 가르침으로 보나 삶의 현실로 보나 사람이 결혼하고 나면 부모보다 배우자가 먼저인데도 그들은 그것을 깨닫지 못한다. 하지만 나이 든 친지들에게서 얻을 수 있는 성숙한 지혜를 가족이 무시하는 것도 해롭기는 마찬가지다. 그리스도인 노인들은 가족이 기꺼이 받으려 하는 한 어떻게든 최대한 도움을 베풀어야 한다. 조언을 베풀 때는 차분히 애정을 보일 뿐 고자세는 금물이다. 동시에 노인들이 잊지 말아야 할 것이 있다. 어느 경우든 그들이 돌보아야 할 더 넓은 사역의 장과 더 큰 필요는 교회 안에 있다는 것이다.

노인들은 섬김을 받는 데 안주하여 교회 생활에 무익한 존재가 되어서는 안 된다. 연장된 건강이 허락하는 한 기회를 잘 살려 계속 그리스도를 섬겨야 한다. 방금 전에 말한 건강한 노인의 세 가지 마음가짐, 즉 성숙과 겸손과 열정에 부응하고자 힘써야 한다. 이런 노인들에게 끝으로 당부한다. 응답하라, 노인들이여! 하나님께 여쭙고 교회 지도자와 상의하여 당신이 가진 것으로 어떻게 최선을 다할 수 있을지 알아보라. 직접 솔선하여 65세가 넘은 사람들을 결집하라. 힘닿는 한 계속 혼신을 다하여 하나님의 양 떼 안에서 이루어지는 공동의 사역에 지속적으로 기여하라.

우리 노인들은 가난한 사람들을 돌볼 수 있다. 외롭고 우울한 사람들의 말벗이 되어 격려해줄 수 있다. 마음이 상한 사람들, 여태 아물지 않은 원망과 분노와 상처로 약해진 사람들의 친구가 되어줄 수 있다. 치매나 알츠하이머병 등 각종 질환으로 자립 능력을 잃고 고생하는 사람들을 도울 수 있다. 결혼, 자녀의 세례와 양육, 가정생활의 긴장과 위기 등에 부딪힌 사람들을 상담해 줄 수 있다. 마음만 먹으면 저마다 이런 긍휼의 사역에 기여할 것이 많이 있으며, 실제로 이는 더할 나위 없이 귀중한 사역이 될 수 있다.

제임스 휴스턴(James Houston)과 마이클 파커(Michael Parker)는 『노령화 교회를 위한 비전』(*A Vision for the Aging Church: Renewing Ministry for and by Seniors*)이라는 책에, 이런 결집이 오늘의 교회를 굉장히 풍요롭게 해줄 수 있다고 역설했다. 나도 전적으로 공감한다는 말로 이 책을 마무리하려 한다. 당신도 그 비전에 공감하여 지금부터 행동으로 그것을 보여주기 바란다.

우리 노인들은 가난한 사람들을 돌볼 수 있다.
외롭고 우울한 사람들의 말벗이 되어 격려해줄 수 있다.
마음이 상한 사람들, 여태 아물지 않은 원망과 분노와
상처로 약해진 사람들의 친구가 되어줄 수 있다.